Ecole :

Niveau :

Cycle :

Classe de :

_____

Année scolaire :

LISTE DES ELEVES

EMPLOI DU TEMPS 4 JOURS

LUNDI	MARDI	JEUDI	VENDREDI

EMPLOI DU TEMPS 5 JOURS

LUNDI	MARDI	MERCRDI	JEUDI	VENDREDI

Date :				Période :

Ne pas oublier :

Heure	Matière Discipline	Objectif	Déroulement/activités/consignes

Devoirs / cartable :

Remarques : _____

_____

_____

Date :			Période :	

Ne pas oublier :

Heure	Matière Discipline	Objectif	Déroulement/activités/consignes

Devoirs / cartable :

Remarques : _____

_____

_____

Date :			Période :

Ne pas oublier :

Heure	Matière Discipline	Objectif	Déroulement/activités/consignes

Devoirs / cartable :

Remarques : _____

_____

_____

Date :				Période :

Ne pas oublier :

Heure	Matière Discipline	Objectif	Déroulement/activités/consignes

Devoirs / cartable :

Remarques : _____

_____

_____

Date :			Période :	

Ne pas oublier :

Heure	Matière Discipline	Objectif	Déroulement/activités/consignes

Devoirs / cartable :

Remarques : _____

_____

_____

Date :			Période :	

Ne pas oublier :

Heure	Matière Discipline	Objectif	Déroulement/activités/consignes

Devoirs / cartable :

Remarques : _____

_____

_____

Date :	Période :

Ne pas oublier :

Heure	Matière Discipline	Objectif	Déroulement/activités/consignes

Devoirs / cartable :

Remarques : _____

_____

_____

Date :			Période :

Ne pas oublier :

Heure	Matière Discipline	Objectif	Déroulement/activités/consignes

Devoirs / cartable :

Remarques : _____

_____

_____

Date :	Période :

Ne pas oublier :

Heure	Matière Discipline	Objectif	Déroulement/activités/consignes

Devoirs / cartable :

Remarques : _____

_____

_____

Date :		Période :	

Ne pas oublier :

Heure	Matière Discipline	Objectif	Déroulement/activités/consignes

Devoirs / cartable :

Remarques : _____

_____

_____

Date :	Période :

Ne pas oublier :

Heure	Matière Discipline	Objectif	Déroulement/activités/consignes

Devoirs / cartable :

Remarques : _____

_____

_____

Date :				Période :	

Ne pas oublier :

Heure	Matière Discipline	Objectif	Déroulement/activités/consignes

Devoirs / cartable :

Remarques : _____

_____

_____

Date :			Période :

Ne pas oublier :

Heure	Matière Discipline	Objectif	Déroulement/activités/consignes

Devoirs / cartable :

Remarques : _____

_____

_____

Date :		Période :	

Ne pas oublier :

Heure	Matière Discipline	Objectif	Déroulement/activités/consignes

Devoirs / cartable :

Remarques : _____

_____

_____

Date :			Période :

Ne pas oublier :

Heure	Matière Discipline	Objectif	Déroulement/activités/consignes

Devoirs / cartable :

Remarques : _____

_____

_____

Date :		Période :	

Ne pas oublier :

Heure	Matière Discipline	Objectif	Déroulement/activités/consignes

Devoirs / cartable :

Remarques : _____

_____

_____

Date :			Période :

Ne pas oublier :

Heure	Matière Discipline	Objectif	Déroulement/activités/consignes

Devoirs / cartable :

Remarques : _____

_____

_____

Date :			Période :

Ne pas oublier :

Heure	Matière Discipline	Objectif	Déroulement/activités/consignes

Devoirs / cartable :

Remarques : _____

_____

_____

Date :			Période :	

Ne pas oublier :

Heure	Matière Discipline	Objectif	Déroulement/activités/consignes

Devoirs / cartable :

Remarques : _____

_____

_____

Date :			Période :	

Ne pas oublier :

Heure	Matière Discipline	Objectif	Déroulement/activités/consignes

Devoirs / cartable :

Remarques : _____

_____

_____

| Date : | | | Période : | |

| Ne pas oublier : |

Heure	Matière Discipline	Objectif	Déroulement/activités/consignes

Devoirs / cartable :

Remarques : _____

_____

_____

Date :			Période :

Ne pas oublier :

Heure	Matière Discipline	Objectif	Déroulement/activités/consignes

Devoirs / cartable :

Remarques : _____

_____

_____

Date :	Période :

Ne pas oublier :

Heure	Matière Discipline	Objectif	Déroulement/activités/consignes

Devoirs / cartable :

Remarques : _____

_____

_____

Date :			Période :

Ne pas oublier :

Heure	Matière Discipline	Objectif	Déroulement/activités/consignes

Devoirs / cartable :

Remarques : _____

_____

_____

Date :				Période :

Ne pas oublier :

Heure	Matière Discipline	Objectif	Déroulement/activités/consignes

Devoirs / cartable :

Remarques : _____

_____

_____

Date :		Période :	

Ne pas oublier :

Heure	Matière Discipline	Objectif	Déroulement/activités/consignes

Devoirs / cartable :

Remarques : _____

_____

_____

Date :	Période :

Ne pas oublier :

Heure	Matière Discipline	Objectif	Déroulement/activités/consignes

Devoirs / cartable :

Remarques : _____

_____

_____

Date :			Période :

Ne pas oublier :

Heure	Matière Discipline	Objectif	Déroulement/activités/consignes

Devoirs / cartable :

Remarques : _____

_____

_____

Date :				Période :	

Ne pas oublier :

Heure	Matière Discipline	Objectif	Déroulement/activités/consignes

Devoirs / cartable :

Remarques : _____

_____

_____

Date :		Période :	

Ne pas oublier :

Heure	Matière Discipline	Objectif	Déroulement/activités/consignes

Devoirs / cartable :

Remarques : _____

_____

_____

Date :	Période :

Ne pas oublier :

Heure	Matière Discipline	Objectif	Déroulement/activités/consignes

Devoirs / cartable :

Remarques : _____

_____

_____

Date :			Période :	

Ne pas oublier :

Heure	Matière Discipline	Objectif	Déroulement/activités/consignes

Devoirs / cartable :

Remarques : _____

_____

_____

Date :				Période :	

Ne pas oublier :

Heure	Matière Discipline	Objectif	Déroulement/activités/consignes

Devoirs / cartable :

Remarques : _____

_____

_____

Date :			Période :	

Ne pas oublier :

Heure	Matière Discipline	Objectif	Déroulement/activités/consignes

Devoirs / cartable :

Remarques : _____

_____

_____

Date :		Période :	

Ne pas oublier :

Heure	Matière Discipline	Objectif	Déroulement/activités/consignes

Devoirs / cartable :

Remarques : _____

_____

_____

Date :	Période :

Ne pas oublier :

Heure	Matière Discipline	Objectif	Déroulement/activités/consignes

Devoirs / cartable :

Remarques : _____

_____

_____

Date :			Période :

Ne pas oublier :

Heure	Matière Discipline	Objectif	Déroulement/activités/consignes

Devoirs / cartable :

Remarques : _____

_____

_____

Date :	Période :

Ne pas oublier :

Heure	Matière Discipline	Objectif	Déroulement/activités/consignes

Devoirs / cartable :

Remarques : _____

_____

_____

Date :	Période :

Ne pas oublier :

Heure	Matière Discipline	Objectif	Déroulement/activités/consignes

Devoirs / cartable :

Remarques : _____

_____

_____

Date :	Période :

Ne pas oublier :

Heure	Matière Discipline	Objectif	Déroulement/activités/consignes

Devoirs / cartable :

Remarques : _____

_____

_____

Date :	Période :

Ne pas oublier :

Heure	Matière Discipline	Objectif	Déroulement/activités/consignes

Devoirs / cartable :

Remarques : _____

_____

_____

Date :	Période :

Ne pas oublier :

Heure	Matière Discipline	Objectif	Déroulement/activités/consignes

Devoirs / cartable :

Remarques : _____

_____

_____

Date :	Période :

Ne pas oublier :

Heure	Matière Discipline	Objectif	Déroulement/activités/consignes

Devoirs / cartable :

Remarques : _____

_____

_____

Date :		Période :	

Ne pas oublier :

Heure	Matière Discipline	Objectif	Déroulement/activités/consignes

Devoirs / cartable :

Remarques : _____

_____

_____

Date :	Période :

Ne pas oublier :

Heure	Matière Discipline	Objectif	Déroulement/activités/consignes

Devoirs / cartable :

Remarques : _____

_____

_____

Date :		Période :	

Ne pas oublier :

Heure	Matière Discipline	Objectif	Déroulement/activités/consignes

Devoirs / cartable :

Remarques : _____

_____

_____

Date :	Période :

Ne pas oublier :

Heure	Matière Discipline	Objectif	Déroulement/activités/consignes

Devoirs / cartable :

Remarques : _____

_____

_____

Date :	Période :

Ne pas oublier :

Heure	Matière Discipline	Objectif	Déroulement/activités/consignes

Devoirs / cartable :

Remarques : _____

_____

_____

Date :	Période :

Ne pas oublier :

Heure	Matière Discipline	Objectif	Déroulement/activités/consignes

Devoirs / cartable :

Remarques : _____

_____

_____

Date :			Période :	

Ne pas oublier :

Heure	Matière Discipline	Objectif	Déroulement/activités/consignes

Devoirs / cartable :

Remarques : _____

_____

_____

Date :			Période :

Ne pas oublier :

Heure	Matière Discipline	Objectif	Déroulement/activités/consignes

Devoirs / cartable :

Remarques : _____

_____

_____

Date :			Période :

Ne pas oublier :

Heure	Matière Discipline	Objectif	Déroulement/activités/consignes

Devoirs / cartable :

Remarques : _____

_____

_____

Date :			Période :	

Ne pas oublier :

Heure	Matière Discipline	Objectif	Déroulement/activités/consignes

Devoirs / cartable :

Remarques : _____

_____

_____

| Date : | | | Période : | |

Ne pas oublier :

Heure	Matière Discipline	Objectif	Déroulement/activités/consignes

Devoirs / cartable :

Remarques : _____

_____

_____

Date :	Période :

Ne pas oublier :

Heure	Matière Discipline	Objectif	Déroulement/activités/consignes

Devoirs / cartable :

Remarques : _____

_____

_____

Date :		Période :	

Ne pas oublier :

Heure	Matière Discipline	Objectif	Déroulement/activités/consignes

Devoirs / cartable :

Remarques : _____

_____

_____

Date :			Période :

Ne pas oublier :

Heure	Matière Discipline	Objectif	Déroulement/activités/consignes

Devoirs / cartable :

Remarques : _____

_____

_____

Date :	Période :

Ne pas oublier :

Heure	Matière Discipline	Objectif	Déroulement/activités/consignes

Devoirs / cartable :

Remarques : _____

_____

_____

Date :	Période :

Ne pas oublier :

Heure	Matière Discipline	Objectif	Déroulement/activités/consignes

Devoirs / cartable :

Remarques : _____

_____

_____

Date :				Période :

Ne pas oublier :

Heure	Matière Discipline	Objectif	Déroulement/activités/consignes

Devoirs / cartable :

Remarques : _____

_____

_____

| Date : | | | | Période : | |

Ne pas oublier :

Heure	Matière Discipline	Objectif	Déroulement/activités/consignes

Devoirs / cartable :

Remarques : _____

_____

_____

Date :			Période :

Ne pas oublier :

Heure	Matière Discipline	Objectif	Déroulement/activités/consignes

Devoirs / cartable :

Remarques : _____

_____

_____

Date :			Période :	

Ne pas oublier :

Heure	Matière Discipline	Objectif	Déroulement/activités/consignes

Devoirs / cartable :

Remarques : _____

_____

_____

Date :	Période :

Ne pas oublier :

Heure	Matière Discipline	Objectif	Déroulement/activités/consignes

Devoirs / cartable :

Remarques : _____

_____

_____

Date :	Période :

Ne pas oublier :

Heure	Matière Discipline	Objectif	Déroulement/activités/consignes

Devoirs / cartable :

Remarques : _____

_____

_____

Date :			Période :	

Ne pas oublier :

Heure	Matière Discipline	Objectif	Déroulement/activités/consignes

Devoirs / cartable :

Remarques : _____

_____

_____

Date :	Période :

Ne pas oublier :

Heure	Matière Discipline	Objectif	Déroulement/activités/consignes

Devoirs / cartable :

Remarques : _____

_____

_____

Date :	Période :

Ne pas oublier :

Heure	Matière Discipline	Objectif	Déroulement/activités/consignes

Devoirs / cartable :

Remarques : _____

_____

_____

Date :	Période :

Ne pas oublier :

Heure	Matière Discipline	Objectif	Déroulement/activités/consignes

Devoirs / cartable :

Remarques : _____

_____

_____

Date :			Période :	

Ne pas oublier :

Heure	Matière Discipline	Objectif	Déroulement/activités/consignes

Devoirs / cartable :

Remarques : _____

_____

_____

Date :	Période :

Ne pas oublier :

Heure	Matière Discipline	Objectif	Déroulement/activités/consignes

Devoirs / cartable :

Remarques : _____

_____

_____

Date :			Période :

Ne pas oublier :

Heure	Matière Discipline	Objectif	Déroulement/activités/consignes

Devoirs / cartable :

Remarques : _____

_____

_____

Date :			Période :	

Ne pas oublier :

Heure	Matière Discipline	Objectif	Déroulement/activités/consignes

Devoirs / cartable :

Remarques : _____

_____

_____

Date :		Période :	

Ne pas oublier :

Heure	Matière Discipline	Objectif	Déroulement/activités/consignes

Devoirs / cartable :

Remarques : _____

_____

_____

Date :	Période :

Ne pas oublier :

Heure	Matière Discipline	Objectif	Déroulement/activités/consignes

Devoirs / cartable :

Remarques : _____

_____

_____

Date :			Période :

Ne pas oublier :

Heure	Matière Discipline	Objectif	Déroulement/activités/consignes

Devoirs / cartable :

Remarques : _____

_____

_____

Date :	Période :

Ne pas oublier :

Heure	Matière Discipline	Objectif	Déroulement/activités/consignes

Devoirs / cartable :

Remarques : _____

_____

_____

Date :			Période :

Ne pas oublier :

Heure	Matière Discipline	Objectif	Déroulement/activités/consignes

Devoirs / cartable :

Remarques : _____

_____

_____

Date :			Période :

Ne pas oublier :

Heure	Matière Discipline	Objectif	Déroulement/activités/consignes

Devoirs / cartable :

Remarques : _____

_____

_____

Date :			Période :	

Ne pas oublier :

Heure	Matière Discipline	Objectif	Déroulement/activités/consignes

Devoirs / cartable :

Remarques : _____

_____

_____

Date :		Période :	

Ne pas oublier :

Heure	Matière Discipline	Objectif	Déroulement/activités/consignes

Devoirs / cartable :

Remarques : _____

_____

_____

Date :	Période :

Ne pas oublier :

Heure	Matière Discipline	Objectif	Déroulement/activités/consignes

Devoirs / cartable :

Remarques : _____

_____

_____

Date :	Période :

Ne pas oublier :

Heure	Matière Discipline	Objectif	Déroulement/activités/consignes

Devoirs / cartable :

Remarques : _____

_____

_____

Date :		Période :	

Ne pas oublier :

Heure	Matière Discipline	Objectif	Déroulement/activités/consignes

Devoirs / cartable :

Remarques : _____

_____

_____

Date :	Période :

Ne pas oublier :

Heure	Matière Discipline	Objectif	Déroulement/activités/consignes

Devoirs / cartable :

Remarques : _____

_____

_____

Date :		Période :	

Ne pas oublier :

Heure	Matière Discipline	Objectif	Déroulement/activités/consignes

Devoirs / cartable :

Remarques : _____

_____

_____

Date :			Période :

Ne pas oublier :

Heure	Matière Discipline	Objectif	Déroulement/activités/consignes

Devoirs / cartable :

Remarques : _____

_____

_____

Date :			Période :

Ne pas oublier :

Heure	Matière Discipline	Objectif	Déroulement/activités/consignes

Devoirs / cartable :

Remarques : _____

_____

_____

Date :		Période :	

Ne pas oublier :

Heure	Matière Discipline	Objectif	Déroulement/activités/consignes

Devoirs / cartable :

Remarques : _____

_____

_____

Date :			Période :	

Ne pas oublier :

Heure	Matière Discipline	Objectif	Déroulement/activités/consignes

Devoirs / cartable :

Remarques : _____

_____

_____

Date :			Période :

Ne pas oublier :

Heure	Matière Discipline	Objectif	Déroulement/activités/consignes

Devoirs / cartable :

Remarques : _____

_____

_____

Date :			Période :

Ne pas oublier :

Heure	Matière Discipline	Objectif	Déroulement/activités/consignes

Devoirs / cartable :

Remarques : _____

_____

_____

Date :	Période :

Ne pas oublier :

Heure	Matière Discipline	Objectif	Déroulement/activités/consignes

Devoirs / cartable :

Remarques : _____

_____

_____

Date :			Période :

Ne pas oublier :

Heure	Matière Discipline	Objectif	Déroulement/activités/consignes

Devoirs / cartable :

Remarques : _____

_____

_____

Date :			Période :

Ne pas oublier :

Heure	Matière Discipline	Objectif	Déroulement/activités/consignes

Devoirs / cartable :

Remarques : _____

_____

_____

Date :		Période :	

Ne pas oublier :

Heure	Matière Discipline	Objectif	Déroulement/activités/consignes

Devoirs / cartable :

Remarques : _____

_____

_____

Date :			Période :

Ne pas oublier :

Heure	Matière Discipline	Objectif	Déroulement/activités/consignes

Devoirs / cartable :

Remarques : _____

_____

_____

Date :			Période :	

Ne pas oublier :

Heure	Matière Discipline	Objectif	Déroulement/activités/consignes

Devoirs / cartable :

Remarques : _____

_____

_____

Date :			Période :

Ne pas oublier :

Heure	Matière Discipline	Objectif	Déroulement/activités/consignes

Devoirs / cartable :

Remarques : _____

_____

_____

Date :		Période :	

Ne pas oublier :

Heure	Matière Discipline	Objectif	Déroulement/activités/consignes

Devoirs / cartable :

Remarques : _____

_____

_____

Date :			Période :

Ne pas oublier :

Heure	Matière Discipline	Objectif	Déroulement/activités/consignes

Devoirs / cartable :

Remarques : _____

_____

_____

Date :			Période :	

Ne pas oublier :

Heure	Matière Discipline	Objectif	Déroulement/activités/consignes

Devoirs / cartable :

Remarques : _____

_____

_____

Date :			Période :	

Ne pas oublier :

Heure	Matière Discipline	Objectif	Déroulement/activités/consignes

Devoirs / cartable :

Remarques : _____

_____

_____

Date :			Période :

Ne pas oublier :

Heure	Matière Discipline	Objectif	Déroulement/activités/consignes

Devoirs / cartable :

Remarques : _____

_____

_____

Date :			Période :

Ne pas oublier :

Heure	Matière Discipline	Objectif	Déroulement/activités/consignes

Devoirs / cartable :

Remarques : _____

_____

_____

Date :	Période :

Ne pas oublier :

Heure	Matière Discipline	Objectif	Déroulement/activités/consignes

Devoirs / cartable :

Remarques : _____

_____

_____

Date :			Période :	

Ne pas oublier :

Heure	Matière Discipline	Objectif	Déroulement/activités/consignes

Devoirs / cartable :

Remarques : _____

_____

_____

Date :			Période :

Ne pas oublier :

Heure	Matière Discipline	Objectif	Déroulement/activités/consignes

Devoirs / cartable :

Remarques : _____

_____

_____

Date :			Période :

Ne pas oublier :

Heure	Matière Discipline	Objectif	Déroulement/activités/consignes

Devoirs / cartable :

Remarques : _____

_____

_____

Date :			Période :

Ne pas oublier :

Heure	Matière Discipline	Objectif	Déroulement/activités/consignes

Devoirs / cartable :

Remarques : _____

_____

_____

Date :			Période :

Ne pas oublier :

Heure	Matière Discipline	Objectif	Déroulement/activités/consignes

Devoirs / cartable :

Remarques : _____

_____

_____

Date :			Période :

Ne pas oublier :

Heure	Matière Discipline	Objectif	Déroulement/activités/consignes

Devoirs / cartable :

Remarques : _____

_____

_____

Date :				Période :

Ne pas oublier :

Heure	Matière Discipline	Objectif	Déroulement/activités/consignes

Devoirs / cartable :

Remarques : _____

_____

_____

Date :			Période :

Ne pas oublier :

Heure	Matière Discipline	Objectif	Déroulement/activités/consignes

Devoirs / cartable :

Remarques : _____

_____

_____

Date :			Période :

Ne pas oublier :

Heure	Matière Discipline	Objectif	Déroulement/activités/consignes

Devoirs / cartable :

Remarques : _____

_____

_____

Date :	Période :

Ne pas oublier :

Heure	Matière Discipline	Objectif	Déroulement/activités/consignes

Devoirs / cartable :

Remarques : _____

_____

_____

Date :			Période :

Ne pas oublier :

Heure	Matière Discipline	Objectif	Déroulement/activités/consignes

Devoirs / cartable :

Remarques : _____

_____

_____

Date :			Période :

Ne pas oublier :

Heure	Matière Discipline	Objectif	Déroulement/activités/consignes

Devoirs / cartable :

Remarques : _____

_____

_____

Date :			Période :

Ne pas oublier :

Heure	Matière Discipline	Objectif	Déroulement/activités/consignes

Devoirs / cartable :

Remarques : _____

_____

_____

Date :				Période :	

Ne pas oublier :

Heure	Matière Discipline	Objectif	Déroulement/activités/consignes

Devoirs / cartable :

Remarques : _____

_____

_____

Date :			Période :

Ne pas oublier :

Heure	Matière Discipline	Objectif	Déroulement/activités/consignes

Devoirs / cartable :

Remarques : _____

_____

_____

Date :			Période :

Ne pas oublier :

Heure	Matière Discipline	Objectif	Déroulement/activités/consignes

Devoirs / cartable :

Remarques : _____

_____

_____

Date :			Période :	

Ne pas oublier :

Heure	Matière Discipline	Objectif	Déroulement/activités/consignes

Devoirs / cartable :

Remarques : _____

_____

_____

Date :		Période :	

Ne pas oublier :

Heure	Matière Discipline	Objectif	Déroulement/activités/consignes

Devoirs / cartable :

Remarques : _____

_____

_____

Date :			Période :	

Ne pas oublier :

Heure	Matière Discipline	Objectif	Déroulement/activités/consignes

Devoirs / cartable :

Remarques : _____

_____

_____

Date :			Période :

Ne pas oublier :

Heure	Matière Discipline	Objectif	Déroulement/activités/consignes

Devoirs / cartable :

Remarques : _____

_____

_____

Date :			Période :

Ne pas oublier :

Heure	Matière Discipline	Objectif	Déroulement/activités/consignes

Devoirs / cartable :

Remarques : _____

_____

_____

| Date : | | | Période : | |

Ne pas oublier :

Heure	Matière Discipline	Objectif	Déroulement/activités/consignes

Devoirs / cartable :

Remarques : _____

_____

_____

Date :			Période :

Ne pas oublier :

Heure	Matière Discipline	Objectif	Déroulement/activités/consignes

Devoirs / cartable :

Remarques : _____

_____

_____

Date :			Période :	

Ne pas oublier :

Heure	Matière Discipline	Objectif	Déroulement/activités/consignes

Devoirs / cartable :

Remarques : _____

_____

_____

Date :			Période :

Ne pas oublier :

Heure	Matière Discipline	Objectif	Déroulement/activités/consignes

Devoirs / cartable :

Remarques : _____

_____

_____

Date :			Période :

Ne pas oublier :

Heure	Matière Discipline	Objectif	Déroulement/activités/consignes

Devoirs / cartable :

Remarques : _____

_____

_____

| Date : | | | Période : | |

Ne pas oublier :

Heure	Matière Discipline	Objectif	Déroulement/activités/consignes

Devoirs / cartable :

Remarques : _____

_____

_____

Date :			Période :

Ne pas oublier :

Heure	Matière Discipline	Objectif	Déroulement/activités/consignes

Devoirs / cartable :

Remarques : _____

_____

_____

Date :			Période :

Ne pas oublier :

Heure	Matière Discipline	Objectif	Déroulement/activités/consignes

Devoirs / cartable :

Remarques : _____

_____

_____

Date :			Période :

Ne pas oublier :

Heure	Matière Discipline	Objectif	Déroulement/activités/consignes

Devoirs / cartable :

Remarques : _____

_____

_____

Date :			Période :

Ne pas oublier :

Heure	Matière Discipline	Objectif	Déroulement/activités/consignes

Devoirs / cartable :

Remarques : _____

_____

_____

Date :			Période :

Ne pas oublier :

Heure	Matière Discipline	Objectif	Déroulement/activités/consignes

Devoirs / cartable :

Remarques : _____

_____

_____

Date :			Période :	

Ne pas oublier :

Heure	Matière Discipline	Objectif	Déroulement/activités/consignes

Devoirs / cartable :

Remarques : _____

_____

_____

| Date : | | | Période : | |

| Ne pas oublier : |

Heure	Matière Discipline	Objectif	Déroulement/activités/consignes

Devoirs / cartable :

Remarques : _____

_____

_____

Date :			Période :

Ne pas oublier :

Heure	Matière Discipline	Objectif	Déroulement/activités/consignes

Devoirs / cartable :

Remarques : _____

_____

_____

Date :			Période :	

Ne pas oublier :

Heure	Matière Discipline	Objectif	Déroulement/activités/consignes

Devoirs / cartable :

Remarques : _____

_____

_____

Date :			Période :

Ne pas oublier :

Heure	Matière Discipline	Objectif	Déroulement/activités/consignes

Devoirs / cartable :

Remarques : _____

_____

_____

Date :		Période :	

Ne pas oublier :

Heure	Matière Discipline	Objectif	Déroulement/activités/consignes

Devoirs / cartable :

Remarques : _____

_____

_____

Date :			Période :	

Ne pas oublier :

Heure	Matière Discipline	Objectif	Déroulement/activités/consignes

Devoirs / cartable :

Remarques : _____

_____

_____

NOTES

Printed in France by Amazon
Brétigny-sur-Orge, FR